# 101 CURIOSIDADES ANIMAIS

Ciranda Cultural

**Dados Internacionais de Catalogação na Publicação (CIP) de acordo com ISBD**

B236c    Barbieri, Paloma Blanca Alves

101 curiosidades - Animais / Paloma Blanca Alves Barbieri ; ilustrado por Shutterstock. – Jandira, SP : Ciranda Cultural, 2021.
32 p. ; 15,5cm x 22,6 cm. – (101 curiosidades)

ISBN: 978-65-5500-743-5

1. Literatura infantojuvenil. 2. Animais. 3. Curiosidade. 4. Descoberta. 5. Conhecimento. 6. Aprendizado. I. Shutterstock. II. Título. III. Série.

CDD 028.5
CDU 82-93

2021-1720

**Elaborado por Vagner Rodolfo da Silva - CRB-8/9410**

**Índice para catálogo sistemático:**
1. Literatura infantojuvenil 028.5
2. Literatura infantojuvenil 82-93

© 2021 Ciranda Cultural Editora e Distribuidora Ltda.
Produção: Ciranda Cultural
Texto: Paloma Blanca Alves Barbieri
Preparação: Ana Paula Uchoa
Revisão: Cleusa S. Quadros e Karine Ribeiro
Diagramação: Coletivo Editoriall
Imagens: Shutterstock.com
(Legenda: S=Superior, I=Inferior, M=Meio, E=Esquerda, D=Direita)
Capa=SE=photomaster; SD=Anton Rodionov; ME=Sanit Fuangnakhon; M=Dirk Ercken; MD=Butterfly Hunter; IE=visa netpakdee; ID=a_v_d
Miolo=6/S=Kurit afshen; 6/I=CreativeAngela; 7/S=Ikonya; 7/I= art of line; 8= FamVeld; 9/S=DiViArt; 9/M=DianaFinch; 10/S=John Michael Vosloo; 10/I=Peter Galleghan; 11/S=Mr.Samarn Plubkilang; 11/M-E=Daniela Barreto; 11/M-D=p8h8o8t8o8; 11/I= Paul S. Wolf; 12/S=e2dan; 12/I=Eric Isselee; 13/S=Beyazzz kalem.com; 13/M=Springer Anita Maria; 13/I=Udo Kieslich; 14=EreborMountain; 15/S=Christophe SCHULTZ; 15/I=Sergey Uryadnikov; 16=NOTE OMG; 17/S=ExclusivePictures; 17/M=LedyX; 17/I=Kampan; 18/S=krisArt; 18/I=warat42; 19/S=Pierre Antoine Girard; 19/I=hadkhanong; 20/S=Melok; 20/I=Komleva; 21/S=Lerner Vadim; 21/I=pojvistaimage; 22/S=Ondrej Prosicky; 22/I=amymroberts; 23/S=jdross75; 23/I=Luka Hercigonja; 24/S=Vectorgoods studio; 24/I=Lukas Gojda; 25/S=AngryBrush; 25/I=Sonsedska Yuliia; 26=Dora Zett; 27/S=Bea K; 27/I=Danny Ye; 28/S=evaurban; 28/I=Wirestock Creators; 29/S=aksol; 29/I=MM.Wildlifephotos; 30/S=Pises Tungittipokai; 30/I=kingma photos; 31/S=Keith 316; 31/I=Ernie Cooper; 32=Egor Shilov

1ª Edição em 2021
8ª Impressão em 2025
www.cirandacultural.com.br
Todos os direitos reservados. Nenhuma parte desta publicação pode ser reproduzida, arquivada em sistema de busca ou transmitida por qualquer meio, seja ele eletrônico, fotocópia, gravação ou outros, sem prévia autorização do detentor dos direitos, e não pode circular encadernada ou encapada de maneira distinta daquela em que foi publicada, ou sem que as mesmas condições sejam impostas aos compradores subsequentes.

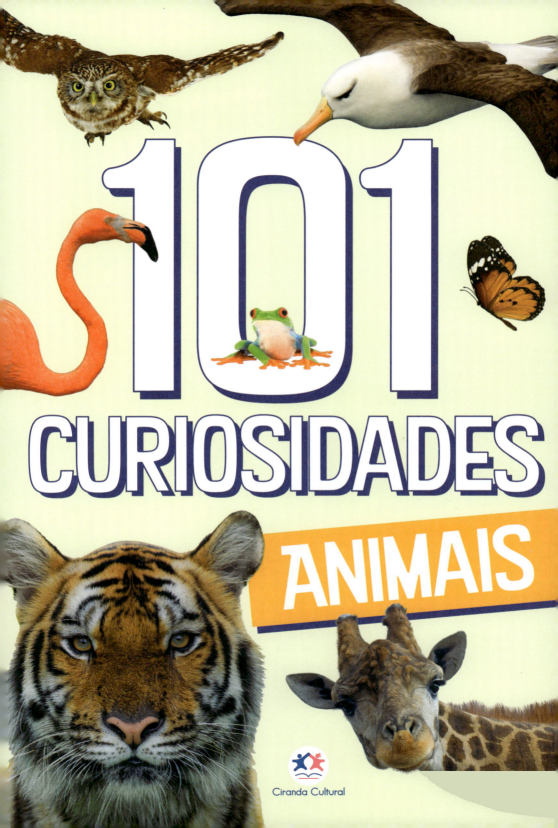

# SUMÁRIO

**O REINO ANIMAL** 6-7

**HÁBITAT** 8-9

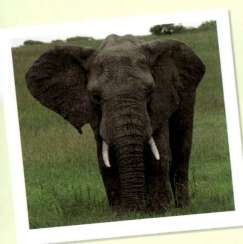

**CLASSIFICAÇÃO DOS ANIMAIS** 10-11

**DIETA ANIMAL** 12-13

**CICLO DA VIDA** 14-15

**PEQUENOS, PORÉM NOTÁVEIS** 16-17

**OS GRANDALHÕES DA SELVA** 18-19

# DONOS DOS MARES — 20-21

# MAJESTOSAS AVES — 22-23

# QUERIDINHOS DA FAZENDA — 24-25

# GRANDES COMPANHEIROS — 26-27

# ANIMAIS DO FRIO — 28-29

# ANIMAIS DO CALOR — 30-31

# OS 10 MAIORES RECORDISTAS DO MUNDO — 32

# O REINO ANIMAL

## 1. UM UNIVERSO MISTERIOSO

O reino animal é extremamente vasto, o que faz dele um universo maravilhoso e cheio de mistérios. As inúmeras espécies que existem no planeta formam um grande ecossistema. Por isso, é essencial que cada uma seja respeitada e preservada.

## 2. PERFEITA HARMONIA

Por causa de sua gigantesca variedade, ainda não foi possível descobrir tudo sobre cada espécie que faz parte do reino animal. Porém, sabe-se que os animais se organizam em grupos e que, apesar de pertencerem a filos diferentes, eles se completam e vivem em perfeita harmonia.

## 3. MUITO A DESCOBRIR

Atualmente, estima-se que nós, seres humanos, compartilhamos a Terra com mais 8,7 milhões de seres vivos diferentes. Porém, até agora, apenas 1,2 milhão de espécies foram catalogadas, o que significa que 7,5 milhões seguem desconhecidas.

## 4 POSSÍVEL EXTINÇÃO

Para podermos descobrir todas as espécies que existem em nosso planeta, serão necessários vários e vários anos. No entanto, a chance de algumas desaparecerem antes de as conhecermos, por causa de fatores climáticos e interferência humana, é grande.

*estromatólitos*

## 5 OS SERES VIVOS MAIS ANTIGOS CONHECIDOS

Os seres vivos mais antigos que conhecemos viveram há 3,8 bilhões de anos. Eram bactérias que realizavam fotossíntese e que deixaram marcas em rochas, chamadas pelos paleontólogos de estromatólitos.

## 7 NUMEROSAS ESPÉCIES

Estima-se a existência de 5,5 milhões de espécies de insetos, das quais 900 mil já foram descritas pela Ciência. Cerca de 4,6 milhões ainda permanecem desconhecidas.

## 6 SER RACIONAL E IRRACIONAL

Diferentemente dos animais, nós, humanos, somos considerados seres racionais, pois possuímos a capacidade de pensamento lógico. Porém, dia após dia, a ciência vem comprovando que as diferenças entre nós e os animais podem ser menores, afinal, algumas espécies, tais como **chimpanzé**, cachorro e elefante, demonstram comportamentos que sugerem alguma racionalidade.

# HÁBITAT

*zoológico*

## LAR DOS ANIMAIS  **8**

Hábitat é o ambiente, ou o lar, de um ser vivo, seja ele animal ou vegetal. Quase toda a superfície terrestre é habitada por diferentes espécies de animais e plantas, até mesmo os lugares mais inóspitos, como os desertos.

## NATURAL E ARTIFICIAL  **10**

Além dos hábitats naturais, criados pela própria natureza, existem os hábitats artificiais, ou seja, aqueles que foram criados pelo homem, cujo objetivo é fazer com que os organismos sintam algum conforto mesmo estando fora do seu ambiente natural e sejam capazes de se desenvolver e reproduzir. O zoológico é um exemplo de hábitat artificial.

## DIFERENTES HÁBITATS  **9**

Há dois tipos principais de hábitats: terrestre e aquático. No primeiro, destacam-se regiões como florestas tropicais, desertos e montanhas. Já no segundo, água doce e salgada. Hábitats de água doce incluem rios, pântanos e lagos. Já os hábitats de água salgada compreendem oceanos e mares.

## PROCESSO DE ADAPTAÇÃO  **11**

Com o passar do tempo e por causa das mudanças ambientais, os animais tiveram que aprender a se adaptar a seu hábitat. Para isso, ao longo de milhares de anos, eles adquiriram certas características que os ajudaram a sobreviver. Animais que vivem em hábitats frios, por exemplo, desenvolveram pelos grossos e longos. Já os animais aquáticos desenvolveram um corpo liso e esguio para nadar com agilidade.

## 12
### HÁBITAT AMEAÇADO
A cada dia, o hábitat de muitas espécies vem sendo ameaçado. Esse fato é motivo de muita preocupação, pois a destruição de um hábitat pode resultar na extinção de diferentes espécies, inclusive a do ser humano.

## 13
### DIURNOS E NOTURNOS
Cada espécie tem suas particularidades. Uma delas diz respeito ao hábito de realizar suas atividades durante o dia ou à noite. Animais ativos durante o dia, como o esquilo, a girafa e o elefante, são denominados diurnos. Já animais como a coruja, o morcego e o aie-aie são chamados de noturnos. O momento do dia destinado à alimentação tem relação tanto com o meio em que cada espécie está inserida, como com suas preferências alimentares.

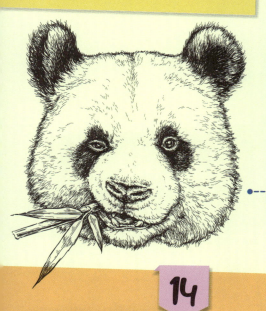

## 14
### ANIMAIS UNIDOS
Para se manterem protegidos de possíveis predadores, muitos animais apostam na força do grupo. Todos os anos, bilhões de sardinhas viajam pela costa da África do Sul, formando um visual impressionante. Ao se juntarem, os peixes formam um cardume gigantesco, que se movimenta como se fosse um único animal, a fim de parecerem maiores e assim evitar predadores.

## 15
### TÃO SOLITÁRIOS
Não são todos os animais que gostam de andar em bandos. Esse é o caso de ursos, rinocerontes e **pandas**. Se não for em período de acasalamento e reprodução, dificilmente veremos esses animais reunidos com seus pares.

# CLASSIFICAÇÃO DOS ANIMAIS

## ALIMENTAÇÃO IDEAL
Uma das formas de classificação das espécies se dá com base em sua alimentação. Por isso, de acordo com o alimento que costumam ingerir, os animais são considerados herbívoros, carnívoros ou onívoros.

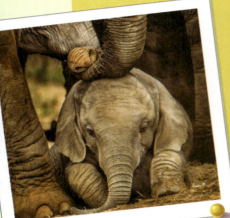

## ANIMAIS HERBÍVOROS
Herbívoros são animais que comem plantas, inteiras ou partes específicas, como frutos, raízes e folhas. São exemplos de animais herbívoros: boi, gafanhoto, borboleta, zebra, elefante e girafa.

## ANIMAIS CARNÍVOROS
Carnívoros são animais que comem outros animais. Esse processo acontece por meio da predação, quando um animal maior e mais forte alimenta-se de um animal menor ou mais indefeso. São exemplos de animais carnívoros: leão, tigre, tubarão, onça e serpente.

### VOCÊ SABIA?
Nós, seres humanos, assim como alguns animais, somos considerados onívoros, pois podemos comer vegetais, frutas e carnes.

## 19 ANIMAIS ONÍVOROS

Onívoros são animais que comem plantas e outros animais. São exemplos de onívoros: porco, lobo-guará, jabuti e suricato.

## 20 VERTEBRADOS E INVERTEBRADOS

Além da classificação de acordo com a alimentação, os animais também podem ser reunidos em dois grandes grupos: vertebrados (que possuem esqueleto interno) e invertebrados (que não possuem esqueleto interno). Os animais vertebrados são divididos em 5 classes: peixes, anfíbios, répteis, aves e mamíferos. Do grupo dos invertebrados, fazem parte animais como águas-vivas, minhocas, moluscos e artrópodes.

## PEQUENINOS, MÉDIOS E GRANDÕES 21

Cada espécie possui uma característica própria, como cor, tamanho, tipo de alimentação e hábitat específico. No que se refere ao tamanho, os animais variam muito, podendo ser considerados de pequeno porte, como mosquitos e vaga-lumes; de médio porte, como sapos e cachorros; e de grande porte, como elefantes e **baleias**.

# DIETA ANIMAL

## SISTEMA DIGESTÓRIO ANIMAL

Toda espécie animal tem um sistema digestório que se diferencia conforme o tipo de alimento que ele ingere. Animais carnívoros, por exemplo, têm dentes fortes e pontiagudos, que permitem rasgar com facilidade a carne de sua presa. Já os animais herbívoros são dotados de um grande estômago, que é dividido em compartimentos, para facilitar o processo de digestão.

22

## O TAMANHO IMPORTA  23

O tamanho do animal é um fator decisivo para o tipo de alimentação adotada e, consequentemente, o tipo de sistema digestório apresentado pela espécie. Logo, o sistema digestório de um leão claramente não será como o de um pequeno peixe ou de um sapo.

## 24  OS RUMINANTES

Alguns animais como o boi, o camelo e a girafa mastigam muitas vezes a mesma massa de vegetais. Eles são chamados de ruminantes e possuem um sistema digestório próprio para ingestão de vegetais, um estômago com quatro compartimentos diferentes. Nesse processo de digestão, o alimento volta diversas vezes do estômago para a boca do animal.

## 25

## OUTRAS CLASSIFICAÇÕES

Dependendo do tipo de animal de que uma espécie se alimenta, ela pode receber uma classificação diferente. Se um animal come peixe, por exemplo, ele é chamado de piscívoro; se ele come insetos, é chamado de insetívoro; já se ele se alimenta de organismo morto, é denominado detritívoro.

## 26

## ALIMENTAÇÃO DOS GRANDÕES

Os elefantes são os maiores mamíferos terrestres. Para obter toda a energia necessária, eles comem durante 15 horas e chegam a consumir 150 kg de comida por dia. A alimentação desses grandões inclui plantas, frutas e cascas de certas árvores e arbustos. Isso significa que os elefantes são animais herbívoros.

## 27

## PEQUENO COMILÃO

O **musaranho**, apesar de pequeno, também tem fama de comilão. Esse animalzinho, que é muito parecido com um ratinho, come a cada duas ou três horas. Além disso, ele consome por dia o equivalente a duas ou três vezes o peso do seu próprio corpo em alimentos. Como seu metabolismo é acelerado, a energia dos alimentos ingeridos pelo pequeno se gasta rapidamente. Por isso, ele precisa se alimentar regularmente e em abundância para manter-se ativo.

musaranho

13

# CICLO DA VIDA

**CADEIA ALIMENTAR** — 28

A cadeia alimentar é uma sequência linear dos seres de um ecossistema, em que um serve de alimento para o outro. Na cadeia alimentar, os organismos podem pertencer a uma das três categorias diferentes: produtor, consumidor e decompositor.

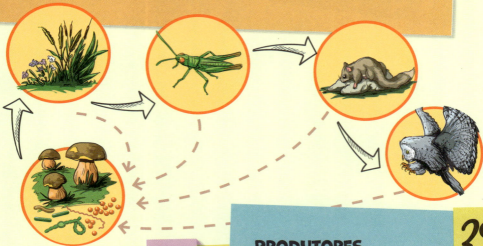

**PRODUTORES** — 29

Os produtores são organismos capazes de produzir seu próprio alimento, como é o caso das plantas e das algas.

**CONSUMIDORES** — 30

Os consumidores são organismos que precisam se alimentar de outros organismos. Eles podem ser classificados como primários, secundários, terciários, etc. Os consumidores primários se alimentam dos produtores, os secundários se alimentam dos primários, e assim por diante.

**DECOMPOSITORES** — 31

Os decompositores são organismos (fungos e bactérias) que decompõem a matéria orgânica de outros organismos já mortos para obter energia. Esse processo é importante para o meio ambiente, pois é dessa forma que ocorre a reciclagem de nutrientes.

## 32 A EXTINÇÃO DAS ESPÉCIES

A cadeia alimentar indica as relações de alimentação em um ecossistema, ou seja, qual ser vivo serve de alimento para outro. Sendo assim, quando uma espécie é extinta, a cadeia alimentar é afetada, pois uma parte dela, que servia de alimento para outro animal, deixou de existir.

### VOCÊ SABIA?

Se a cobra entrasse em extinção, a população de ratos (principal alimento da cobra) aumentaria e consequentemente haveria uma redução de vegetais (fonte de alimento do rato). Além disso, os predadores da cobra, como os gaviões, ficariam sem alimento, o que causaria a redução do número de indivíduos e a possível extinção deles.

## MAIOR PREDADOR DE TODOS

Apesar da magnitude e ferocidade de alguns animais, há uma espécie menor e única de superpredadores: os seres humanos. É com eficiência alarmante que o homem consegue caçar animais que estão no topo da cadeia alimentar, como ursos e leões, tornando-se caçadores mais exímios que espécies ferozes. Tudo isso porque o homem desenvolveu ferramentas sofisticadas de caça e, assim, conseguiu superar a força física de outras espécies.

33

15

# PEQUENOS, PORÉM NOTÁVEIS

## 34 PEQUENAS E RESISTENTES

As **formigas** são tão antigas quanto os dinossauros, pois elas surgiram pela primeira vez durante o período Cretáceo, cerca de 130 milhões de anos atrás. Isso significa que essas pequenas criaturas sobreviveram a grandes acontecimentos, como o processo de extinção dos dinossauros e a idade do gelo. De tão resistentes, é justificável o fato de haver formigas espalhadas por todo o planeta: mais de 10 trilhões!

## 35 DEFESA SECRETA

As joaninhas são insetos que se destacam pela sua cor avermelhada com pintinhas pretas. Tal cor, além de causar encanto, também acaba atraindo alguns predadores, como os passarinhos. Porém, para se defender, o belo inseto tem uma defesa: exala um cheiro bem ruim para espantar outros animais.

## 36 FORTES E BRILHANTES

Os besouros podem até ser pequenos, porém são símbolos de resistência, uma vez que são capazes de viver na maioria dos ecossistemas terrestres. Além disso, eles conseguem sobreviver em regiões a mais de 5 mil metros de altitude.
Os vaga-lumes machos e fêmeas são besouros capazes de produzir luz, uma estratégia para atrair parceiros durante as noites na época do acasalamento.

## PARECIDAS, MAS DIFERENTES

As vespas são comumente encontradas em áreas tropicais, mas a verdade é que elas estão em toda parte, com exceção da Antártica. Apesar de serem muito confundidas com as abelhas, as vespas têm suas particularidades: podem ser maiores e solitárias, possuem um corpo relativamente liso e brilhante e dedicam o tempo a caçar alimentos, como outros insetos.

## SEGREDO DAS CORES

**38**

As borboletas são insetos que cativam pela beleza de suas asas, mas o que muitos não sabem é que sua capacidade de voar depende também da energia captada do Sol. Além disso, suas belas cores servem como uma espécie de identidade, pois é por meio delas que outros insetos as identificam como um possível parceiro, alimento, ou mesmo como uma presa que deve ser evitada.

## REIS DA CANTORIA **39**

As cigarras são famosas pela cantoria porque são os únicos insetos que produzem um som alto e estridente. Seu canto, que pode atingir 100 decibéis e ser ouvido a 500 metros de distância, somente é emitido pelos machos, sendo muito usado como tática de defesa, pois o barulho espanta os predadores e pode ser útil também para atrair parceiras.

## INSETO GIGANTE **40**

Na Floresta Amazônica, há uma variedade de grandes besouros. Porém, nenhum deles se compara ao Titan (*Titanus giganteus*). Atualmente, ele é o maior besouro da Amazônia, com comprimento de 15 a 22 centímetros, e uma das maiores espécies de insetos do mundo.

besouro Titan

# OS GRANDALHÕES DA SELVA

## DORMINDO EM PÉ

**41**

Os elefantes, um dos grandalhões da selva, possuem um hábito que desperta muita curiosidade: os adultos costumam dormir em pé, para permanecerem alertas e se protegerem dos predadores.

Outra curiosidade diz respeito à sua longa tromba, usada tanto para beber água como para coçar algumas partes do corpo e pegar objetos.

## RUGIDO POTENTE

**42**

O leão é o segundo maior felino do mundo (o primeiro lugar pertence ao tigre siberiano) e costuma habitar as savanas do Sul do Saara, na África, e da Índia. Grande carnívoro, ele pode alcançar 2 metros e meio de comprimento e pesar 250 quilos. Seu rugido é tão poderoso que pode ser ouvido a uma distância de 9 quilômetros.

## ANIMAL À VISTA

**43**

As **girafas** são os mamíferos mais altos do mundo, o que é bem evidente por causa das pernas e do pescoço alongados. Um de seus hábitos incomuns é que elas dormem apenas cerca de vinte minutos por dia, pois precisam ficar constantemente alertas para possíveis ataques de predadores.

## EXÍMIO NADADOR

**44**

Considerado o maior réptil da atualidade, o crocodilo é um nadador muito veloz. Ele nada com uma velocidade de até 32 quilômetros por hora e consegue segurar a respiração debaixo d'água por cerca de uma hora. Além de ser dotado de fortes mandíbulas, o crocodilo possui a audição extremamente aguçada.

## UM ANIMAL DE PESO

**45**

O rinoceronte também faz parte do time dos grandalhões (pesando entre mil e dois mil quilos, dependendo da espécie). Por causa do tamanho, muitas pessoas pensam que ele é carnívoro, mas sua alimentação é composta de folhas, frutas, gramíneas e galhos. Estima-se que existam apenas 29 mil rinocerontes na natureza atualmente, um número assustador diante dos 500 mil que existiam no início do século XX.

## MAIORES PRIMATAS DO MUNDO

**46**

Os gorilas vivem na África Central e Ocidental. Assim como nós, eles possuem uma impressão digital única e são extremamente inteligentes. Não é para menos, já que esses animais compartilham de 98% a 99% dos genes com os seres humanos.

*suricatos*

## **47** UM GRUPO DA PESADA

Encontradas geralmente nas savanas africanas, as hienas são mamíferos carnívoros com uma capacidade incrível de adaptação. Elas costumam andar em grupos de 80 integrantes ou mais, e o bando é liderado pela fêmea mais velha. Muito inteligentes, a comunicação das hienas se dá por sons e sinais. A hiena-manchada, por exemplo, emite um grito de caça que se assemelha à risada humana.

## **48** PEQUENINOS E VALENTES

Os suricatos são animais que andam em bandos e vivem em certos lugares considerados inóspitos, ou seja, inabitáveis. Apesar de sua pouca altura (30 centímetros), eles são valentes e capazes de enfrentar predadores assustadores e perigosos, como as cobras. O rabo dos suricatos tem quase o mesmo tamanho do corpo e é usado como apoio para sustentá-los.

# DONOS DOS MARES

### BALEIA CORCUNDA  `49`

As baleias-jubarte são comumente encontradas no litoral brasileiro. As características que as diferenciam das demais espécies de baleia são a coloração azulada e preta, as nadadeiras peitorais e a leve corcova próxima à nadadeira dorsal.
Essas gigantes marinhas podem atingir 16 metros de comprimento e pesar até 40 toneladas. Apesar de seu enorme tamanho, elas são bem ativas, dando saltos acrobáticos impressionantes.

### `50` UMA DAS BELEZAS DOS MARES

O gênero das tartarugas-marinhas só pode ser diferenciado a olho nu na fase adulta, quando os machos apresentam cauda e unhas bem desenvolvidas. A maioria delas é onívora. Apesar de serem capazes de depositar um grande número de ovos, apenas 0,1% dos filhotes chegam à vida adulta, pois, desde cedo, estão sujeitos à predação de aves, lagartos e até seres humanos.

### UM TUBARÃO BEM DIFERENTE  `51`

Os tubarões-martelo são peixes de grande porte que recebem esse nome por causa do formato da cabeça, semelhante a um martelo. Os olhos dos tubarões-martelo se localizam nas extremidades de cada lado da cabeça, o que lhes dá maior acuidade e campo de visão (de 360 graus). Embora sejam muito temidos, assim como as demais espécies de tubarão, eles se alimentam principalmente de pequenos peixes, crustáceos e lulas.

## 52 PEQUENINOS E CAMUFLADOS

Habitantes das águas salgadas, os cavalos-marinhos, assim como os camaleões, mudam de cor quando se sentem ameaçados. Medindo cerca de 15 centímetros, eles vivem protegidos em corais, de onde só saem para se alimentar. Uma característica interessante desse grupo de animais é que são os machos que engravidam e não as fêmeas.

## 53 TENTÁCULOS EFICIENTES

Polvos são moluscos famosos por seus oito tentáculos. Encontrados em ambientes marinhos, são solitários e vivem escondidos entre pedras e grutas. Seu peso varia entre 3 e 40 quilos, e seu comprimento pode chegar a até 3 metros. As duas fileiras de ventosas em seus tentáculos auxiliam na locomoção e na captura de alimentos. Além disso, na ponta de cada tentáculo, há células que captam odores.

## 54 RARIDADE DO MAR

O peixe-remo ou regaleco é um peixe raro que habita as profundezas do oceano, podendo chegar a 12 metros de comprimento e pesar 270 quilos. Essa curiosa espécie, além de não possuir dentes, tem um topete vermelho cuja finalidade ainda não foi descoberta, afinal, até 2001, não havia sequer um registro desse animal.

## 55 BICO ULTRASSENSÍVEL

O **ornitorrinco**, espécie oriunda da Austrália, é com certeza um dos bichos mais curiosos da natureza. Ele é um mamífero que põe ovos. Seu bico é tão sensível que o animal pode utilizá-lo para encontrar alimento, em vez de usar olhos, ouvidos e nariz. Por viver tanto em hábitat terrestre quanto aquático, a espécie é considerada um mamífero semiaquático.

## 56 AMIZADE VANTAJOSA

O peixe-palhaço é caracterizado pela vibrante coloração laranja, com listras brancas na vertical, detalhe que lhe dá uma aparência única e marcante.
Nativo de água salgada, ele vive próximo às anêmonas do mar, com quem tem uma relação de cooperação: as anêmonas oferecem abrigo e proteção ao peixe e, em troca, ele limpa e retira parasitas delas.

21

# MAJESTOSAS AVES

albatroz

**57**

### VIAJANTE ASSÍDUA
O albatroz é uma ave marinha dotada de asas compridas e estreitas. Ele passa a maior parte do tempo voando e fica meses sem avistar a terra. Por isso, dorme durante o voo, sendo sustentado unicamente pelo vento que vem do oceano. Apenas em períodos de reprodução essa ave visita a terra para fazer ninhos em alguma ilha.

**58**

### AVE QUE NÃO VOA
O avestruz, que pesa de 100 a 150 quilos, possui o título de maior ave, mas ele não voa. Suas asas servem apenas para protegê-lo e ajudá-lo a se equilibrar ao correr, afinal, essa ave é famosa por ser uma excelente corredora.

O alimento preferido do **avestruz** é um besouro com cor de metal. Por essa razão, tudo o que brilha chama a atenção dele, levando o animal a comer por engano objetos como pregos e relógios. Que perigo!

**59**

### OBSERVADORA NOTURNA
A coruja é uma ave muito conhecida por trocar o dia pela noite. Isso acontece porque seus olhos não enxergam bem com muita luz. Por isso, é durante a noite que ela costuma caçar. Para compensar a visão (que já é bem melhor do que a nossa), a coruja tem uma fantástica audição. Seus ouvidos são 50 vezes mais sensíveis do que os ouvidos humanos.

22

### 60 AVE MAJESTOSA

O flamingo é uma linda e majestosa ave de grande porte, que chega a medir 1 metro e meio de altura. Sua coloração é resultado de uma alimentação rica em carotenos, substância que, ao ser absorvida pelo organismo, dá uma cor avermelhada às penas. Os crustáceos, que são ricos em carotenos, são a comida preferida dos flamingos.

### 61 AVE-PIRATA

A fragata-comum, também chamada de tesourão, é uma ave que pode ser encontrada na América do Sul e na América Central. Embora se alimente de pequenos peixes, a ave de grande papo vermelho não sabe nadar. Por isso, "rouba" o alimento de aves menores durante o voo. Tal comportamento inusitado deu à ave o apelido de "pirata do mar".

### 62 QUE BICO POTENTE

O **pica-pau** é uma pequena ave que pode ser encontrada principalmente na América do Sul. Ele mede de 33 a 38 centímetros e pesa cerca de 250 gramas . Algumas espécies possuem a cabeça e o topete vermelhos.
Para procurar alimentos, como larvas, o pica-pau é capaz de dar 100 bicadas por minuto em uma árvore, sem ficar tonto. O som que ele emite durante as bicadas é bastante característico.

### 63 O MAIS BELO DE TODOS

Considerado o pato mais bonito do mundo, por causa de suas cores impressionantes, o pato-mandarim é originário da China e do Japão. Bem sossegado, essa espécie de pato gosta de ficar em pequenas lagoas arborizadas, evitando assim lagos ou mar aberto.

# QUERIDINHOS DA FAZENDA

## UM OLFATO FORA DO COMUM  64

Bastante inteligentes, as **vacas** conseguem reconhecer umas às outras no rebanho. Acredita-se, inclusive, que elas possuem melhores amigas e que ficam estressadas quando são afastadas. Além disso, seu paladar é bem aguçado, e seu olfato, um dos mais poderosos do reino animal: o seu focinho possui cerca de 1.185 receptores olfativos que permitem detectar odores que estão a quase 10 quilômetros de distância.

## ENCANTADORA E INTELIGENTE 65

A ovelha foi o segundo animal a ser domesticado, há mais de 13 mil anos. Além de dócil e encantadora, ela é muito inteligente, pois sabe diferenciar outras ovelhas de seu rebanho e reconhecer seu pastor. Outra prova de sua inteligência é que a ovelha tem a capacidade de se automedicar quando está doente, comendo plantas específicas. Que incrível, não é mesmo?

## QUE MEMÓRIA! 66

O cavalo é uma criatura fascinante. Assim como o elefante, ele é considerado um dos animais terrestres mais fortes do reino animal, pois pode suportar uma força proporcional ao seu peso. Além da força e da velocidade, os cavalos possuem outras características marcantes: excelente visão, audição e capacidade de memorização. Eles se lembram de pessoas, lugares e situações com facilidade.

## 67 HIGIÊNICOS, SIM!

O porco é um animal bastante sociável, podendo inclusive criar laços afetivos com pessoas e outros animais. Assim como o cavalo, ele tem excelente memória e está entre as espécies mais inteligentes do planeta. Ao contrário do que muitos pensam, os porcos adoram tomar banho. Eles têm o costume de se lambuzar na lama apenas para se refrescar quando o ambiente está com a temperatura elevada.

## 68 SUBSTÂNCIA QUE ATRAI

As abelhas são insetos curiosos. Sua reprodução, por exemplo, ocorre graças à abelha-rainha, que produz uma substância chamada feromônio para atrair os zangões. Tal substância também tem um papel importante na comunicação com as demais abelhas, pois, dependendo do feromônio produzido, elas sabem se existe algum perigo próximo à colmeia ou se estão em um lugar cheio de alimento.

## 69 HABILIDADES SURPREENDENTES

Geralmente subestimadas, as **galinhas** são seres que contam com habilidades que muitos desconhecem. Além de serem capazes de lembrar e reconhecer uma média de 100 rostos, essas aves ainda sabem usar tipos diferentes de sons para se comunicar. Como resultado de seu processo evolutivo, as galinhas perderam a habilidade de voar. Mesmo assim, elas conseguem percorrer distâncias mínimas usando suas asas, chegando a atingir até 10 metros de altura.

## 70 AVE TERRITORIALISTA

O **ganso** é uma ave aquática. Apesar de se sentir confortável na terra, na água e no ar, ele se movimenta melhor em terra do que as outras aves aquáticas, pois suas pernas estão mais à frente do corpo. Quando na água, as membranas dos pés do ganso o auxiliam a nadar.
Em algumas áreas, o ganso é criado perto de casa, pois tem um forte senso de defesa territorial. Dessa forma, essas aves podem atuar como animais de guarda, fazendo muito barulho e atacando a bicadas quem se aproxima.

25

# GRANDES COMPANHEIROS

### 71 FOCINHO ÚNICO

Os cachorros são grandes companheiros e defensores dos seres humanos. Além da raça, do comportamento e dos diferentes portes, eles também possuem outras particularidades. Seu olfato, por exemplo, é extremamente apurado: enquanto o nosso olfato possui 5 milhões de receptores olfativos, o dos cães pode atingir 300 milhões. Além disso, cada cachorro possui um focinho único, com ruguinhas e marquinhas incomparáveis. Trata-se da "impressão digital" dos caninos.

### 72 AMIGOS DE LONGA DATA

Os gatos são seres realmente únicos. Seu cérebro é biologicamente mais similar ao nosso do que o cérebro de um cão: tanto nós, seres humanos, quanto os gatos temos uma região no cérebro responsável pelas emoções. Deve ser por isso que a relação entre gatos e humanos vem desde a Antiguidade.

### 73 VISÃO DIFERENCIADA

Os coelhos são animais fofos e um tanto assustados. Por isso, qualquer barulho pode amedrontá-los. A visão desses bichanos pode chegar a quase 360 graus, pois seu campo visual tem apenas um ponto cego, que fica bem na frente do rosto. Para suprir essa deficiência, os coelhos usam os pelos do nariz para detectar qualquer coisa que esteja à sua frente.

## TAGARELA E CIUMENTO

74

O papagaio é uma ave popular no Brasil; sua capacidade de reproduzir palavras surpreende, diverte e encanta as pessoas. Muito sensível, o papagaio pode apresentar comportamentos de alegria ou raiva quando em cativeiro. Ele até pode demonstrar "ciúmes" em relação a outros animais de estimação.

## ESCONDERIJO INUSITADO

75

*Hamsters* são animais fofos e peculiares. Das 24 espécies catalogadas, o *hamster* sírio é o mais popular. Entre as características curiosas desses bichinhos, estão: em vez de mastigar a comida como outros animais, eles roem os alimentos; seus dentes e unhas nunca param de crescer; e suas bochechas são incrivelmente flexíveis. Um exemplo de tamanha flexibilidade é que a mãe, ao perceber que seus filhotes estão em perigo, consegue escondê-los dentro da bochecha.

## DORMINHOCO, MAS CHEIO DE ENERGIA

76

O **furão** é um animalzinho muito curioso e engraçado. De hábitos noturnos, ele costuma dormir bastante durante o dia, de 14 a 18 horas, e brincar à noite. Assim como os felinos, esse bichano é carnívoro, um grande caçador, e está sempre cheio de energia para gastar.

## EXÓTICAS E CHARMOSAS

77

As cacatuas são aves charmosas e exóticas vindas de países como Austrália e Indonésia. Embora existam cerca de 21 espécies, as mais conhecidas são a Cacatua Alba e a Cacatua-de-crista-amarela, pois são geralmente as mais amigáveis.
Essas aves graciosas possuem a habilidade de imitar sons e melodias, mas não de reproduzir palavras, como fazem os papagaios.

# ANIMAIS DO FRIO

**78** **O GRANDÃO DO ÁRTICO**
Habitantes famosos do Polo Norte, os ursos-polares são os maiores de todas as espécies, medindo mais de 2 metros de comprimento e pesando acima de 700 quilos. Os característicos pelos brancos são resultado de sua evolução e o ajudam a se camuflar na neve. Outro fato curioso sobre os ursos-polares é que eles dependem muito do gelo para sobreviver. Por isso, as constantes mudanças climáticas podem fazer com que a espécie deixe de existir em cerca de 100 anos. Preocupante, não?

**GRANDES NADADORES 79**
Os pinguins são um tipo de ave marinha que não voa, sendo comumente encontrados na região da Antártica, no Sul da África e em países como Austrália, Nova Zelândia e América do Sul. Todas as espécies possuem um visual comum e são excelentes nadadoras, afinal, passam a maior parte da vida dentro da água, nadando sempre em bando.

**BALEIA-GOLFINHO 80**
Animais de águas frias, as orcas costumam fazer longas viagens. Ao contrário do que muitos acreditam, elas não são consideradas baleias, mas sim golfinhos. Ainda assim, pertencem à mesma categoria das baleias, por isso é possível chamá-las de baleia. Como estão no topo da cadeia alimentar (em seu ambiente), as orcas não têm predadores, a não ser os seres humanos.

orca

28

## OUVIDOS DIFERENTES

**81**

As **focas** são encontradas principalmente nas águas do Ártico e da Antártica. Além de ter o corpo coberto de pelos, elas contam com uma camada de gordura que ajuda no controle da temperatura corporal.

Como você já deve ter observado, as focas não possuem orelhas, mas apenas duas fendas atrás dos olhos que levam até o interior do ouvido, ajudando-as a escutar. Esse mero detalhe permite que as focas nadem mais rápido.

## 82 SEMPRE EM FORMA

A **rena**, animal famoso por ser um dos símbolos da época de Natal, é um mamífero de grande porte e dotado de imensos chifres, que são usados para se defender de predadores, conquistar a fêmea e encontrar alimentos.

Uma das grandes habilidades das renas é andar. Elas chegam a caminhar mais de 30 quilômetros em um dia e até 5 mil quilômetros em um ano.

## ODOR NO AR  83

O boi-almiscarado é um animal de grande porte que habita o Ártico. A palavra "almiscarado" que completa seu nome indica o forte odor (almíscar) que os machos exalam para atrair as fêmeas.

Além de chegar a 2 metros de comprimento e pesar 400 quilos, esse belo animal é dotado de grandes chifres, que podem chegar a 60 centímetros e serem usados como defesa.

## GRANDE ROEDOR  84

A lebre-ártica, uma das maiores de sua espécie, é um tipo de roedor capaz de viver em hábitats de extremo frio. Sua pelagem branca e abundante, além de mantê-la aquecida, serve para camuflá-la. Como são poucos os animais que podem se adaptar aos climas polares, a lebre--ártica tem pouquíssimos predadores. De todo modo, ela está sempre de barriga cheia porque se alimenta de plantas.

29

# ANIMAIS DO CALOR

## 85 SÍMBOLO DE RESISTÊNCIA

Os camelos são criaturas fantásticas e de notável resistência, afinal, habitam regiões extremamente secas e áridas. Oriundos da Ásia, eles são capazes de andar mais de 100 quilômetros em um só dia sem se alimentar, e também conseguem ficar até 15 dias sem beber água.

Pesando em torno de 650 quilos e medindo de 2 a 2 metros e meio de altura, esses grandes animais podem levantar até 500 quilos e carregar mais de 250, tudo em temperaturas extremas de calor.

## 86 EXCELENTES ESCAVADORES

Os tatus são animais próprios de hábitats quentes, pois precisam de calor para sobreviver. Como seu metabolismo é baixo e eles não armazenam muita gordura no corpo, são mais vulneráveis aos efeitos do frio.

Para compensar a baixa visão, os tatus usam outros órgãos mais desenvolvidos, como o olfato e a audição. Além disso, eles são fortes e eficazes na construção de tocas, que os protegem de animais ameaçadores.

## 87 PEQUENAS E RESISTENTES

As formigas do deserto são capazes de suportar até 60 graus Celsius. Essa grande habilidade as torna um dos insetos mais resistentes ao calor. Durante o período mais quente do dia, as formigas deixam a toca por alguns minutos para procurar comida, pois nesse horário seus predadores se escondem do intenso Sol.

## TRUQUE DAS GAZELAS

**88**

As gazelas-dorcas são primas distantes dos veados. Elas são bastante comuns nas savanas africanas, mas também podem ser encontradas nos desertos da África e em alguns países da Ásia. Para sobreviverem nas regiões áridas, as gazelas usam alguns truques: não urinam e não suam para economizar a água do corpo. Além disso, quando não têm acesso à água, elas obtêm o líquido pela comida. Sua alimentação se baseia em folhas, flores, galhos e frutos de vários arbustos.

## UM BANHO DIFERENTE

**89**

O esquilo da terra do Cabo, diferentemente de outros de sua espécie, chama atenção pela incrível resistência à variação de temperatura. Em seu hábitat, nas regiões áridas do Sul da África, os termômetros variam, durante o dia, entre 30 e 60 graus Celsius.

Vivendo em tocas, esse pequeno consegue fugir do calor e também se camuflar dos predadores. Além disso, para regular a temperatura corporal, ele toma "banhos de areia"; já para se proteger dos raios solares, usa a cauda como "guarda-sol".

## CRIATURA SURPREENDENTE

**90**

O verme de Pompeia é uma criatura descoberta na década de 1980, que possui 10 centímetros de comprimento e tentáculos de cor avermelhada na cabeça. Vivendo entre as fissuras geotermais, por onde sai o calor do interior da Terra para o oceano, esse pequeno verme suporta intensas temperaturas (mais de 105 graus Celsius).

O nome desse curioso bicho remete à antiga cidade romana chamada Pompeia, que foi destruída por um vulcão no monte Vesúvio, em Nápoles, na Itália.

## HABITANTES DO DESERTO

Parentes das aranhas, os escorpiões dão picadas venenosas. Porém, das 1.400 espécies existentes, somente 25 têm um veneno fatal. Geralmente encontrados no mundo todo, com exceção da Antártica, a maioria vive no deserto. Eles têm o hábito de se esconder durante o dia, saindo apenas à noite para se alimentar.

# OS 10 MAIORES RECORDISTAS DO MUNDO

## 92 O MAIOR

Com 32 metros de comprimento e 160 toneladas, a baleia-azul é o maior vertebrado do planeta.

## 93 O MENOR

O menor vertebrado do mundo é uma rã que atinge apenas 7,7 milímetros, o mesmo-tamanho de uma mosca.

## 94 O MAIS FORTE

O título de animal mais forte do planeta pertence ao besouro-rinoceronte. Ele pode suportar 850 vezes o próprio peso.

## 95 O MAIS VELOZ

O animal mais veloz do planeta pertence a uma espécie de ácaro (*Paratarsotomus macropalpis*), que é 20 vezes mais rápido que o guepardo.

## 96 O MAIS VENENOSO

O vertebrado mais venenoso do mundo é uma espécie de rã (*Phyllobates terribilis*), cujo veneno pode matar até dez homens.

## 97 O MAIS BARULHENTO

Além de maior vertebrado, a baleia-azul também é considerada o animal mais barulhento do planeta, pois seu som atinge 188 decibéis e pode ser ouvido a 800 quilômetros de distância.

## 98 O QUE POSSUI MAIOR EXPECTATIVA DE VIDA

O animal com mais longevidade do planeta é uma água-viva (*Turritopsis dohrnii*). Ela não vive 100, 200 ou 500 anos, mas eternamente. Sua capacidade impressionante de se rejuvenescer infinitas vezes faz dela uma criatura imortal.

## 99 O MAIS RESISTENTE

Mesmo com menos de um milímetro, o tardígrado é tido como o animal mais resistente do planeta. Esse minúsculo invertebrado pode suportar temperaturas extremas, que vão de -200 a 150 graus Celsius.

## 100 O MAIS LENTO

Como se locomove a 0,16 quilômetro por hora, o bicho-preguiça é considerado o mamífero mais lento do mundo.

## 101 O QUE VIVE MENOS

Algumas espécies de mosquitos e mariposas detêm o recorde de animais que vivem menos, já que seu tempo de vida varia entre um e dois dias.